Ferry Kohlmann

Configuration Management mit ITIL® - Strategisches Outso
tungen - Erfolgswirkung, Erfolgsfaktoren

Ferry Kohlmann

Configuration Management mit ITIL® - Strategisches Outsourcing von Logistikdienstleistungen - Erfolgswirkung, Erfolgsfaktoren

GRIN Verlag

Bibliografische Information der Deutschen Nationalbibliothek: Die Deutsche Bibliothek verzeichnet diese Publikation in der Deutschen Nationalbibliografie; detaillierte bibliografi-sche Daten sind im Internet über http://dnb.d-nb.de/ abrufbar.

1. Auflage 2006
Copyright © 2006 GRIN Verlag
http://www.grin.com/
Druck und Bindung: Books on Demand GmbH, Norderstedt Germany
ISBN 978-3-640-11470-2

Ferry Kohlmann

Configuration Management mit ITIL

Seminararbeit zur Erlangung des
Leistungsnachweises 9 der
Hochschule Pforzheim

Inhaltsverzeichnis

1. Einführung   1
    1.1.   Allgemeines   1
    1.2.   ITIL   1
    1.3.   Struktur und Bereiche von ITIL   2

2. Konfigurationsmanagement   8
    2.1.   Configuration Management Database   9
    2.2.   Aufgaben des Configuration Management   11
    2.3.   Configuration Management Plan   12
    2.4.   Chancen und Risiken   12

3. ITIL als Business Intelligence für das IT-Management   13
    3.1.   Möglichkeiten durch ITIL   13
    3.2.   Kritische Betrachtungen   15

4. Fazit und Ausblick   17

Literaturverzeichnis

1. Einführung

1.1 Allgemeines

Die IT-Infrastruktur in einem Unternehmen ist ständiger Veränderung unterworfen. Der technische Fortschritt sorgt für die Notwendigkeit einer ständigen Erweiterung und Ersetzung einzelner Komponenten. Gleichzeitig sind nicht alle Komponenten mit einander kompatibel. Durch Verbesserungen in einzelnen Bereichen kann es dazu führen, dass ein IT-System aus einem heterogenen System führt, welches aus den unterschiedlichsten Bauteilen besteht und einen großen Umfang erreichen kann. Um so wichtiger sind gute Instrumente für die Verwaltung dieses Systems, die verhindern, dass der Überblick verloren geht, oder die Komplexität des Systems zu unwirtschaftlichen Entscheidungen führt. Diese Arbeit soll sich mit ITIL als einem solchen Instrument beschäftigen, und dabei ein besonderes Augenmerk auf das Konfigurationsmanagement legen. Gerade das Konfigurationsmanagement hilft, den Überblick über ein komplexes System zu behalten, in dem es die gesamte Infrastruktur modellhaft abbildet und weitergehende Informationen und Dokumente bereitstellt.

1.2 ITIL

ITIL steht für Information Technology Infrastructure Library, ist also eine Bibliothek der IT-Infrastruktur. Sie bietet einen Leitfaden zur Unterteilung der Funktionen und Organisation der Prozesse, die im Rahmen des serviceorientierten (im Gegensatz zum technologieorientierten) Betriebs einer IT-Infrastruktur eines Unternehmens entstehen (IT Service Management)[1]. Sie wurde 1989 von der britischen Regierungsbehörde Central Computing and

---
[1] vgl. Wikipedia, www, 2006

Telecommunications Agency (CCTA) in Auftrag gegeben[2]. ITIL beinhaltet lediglich Empfehlungen, was zu tun ist, um IT-Systeme effizient verwaltet werden können[2]. Als Standard, welcher auch durch ein Audit zertifiziert werden lassen kann, ist die ISO 20000 Norm verbreitet.

1.3 Struktur und Bereiche von ITIL

Die Kernprozesse von ITIL sind in zwei Kategorien eingeteilt: Service Support und Service Delivery. Während der Service Support operative Managament Prozesse zur Unterstützung von IT-Diensten bereit stellt, dient Service Delivery der lang- und mittelfristigen Verbesserung der IT gestützten Dienste. Neben den Kernprozessen gehören zu ITIL auch strategische Bereiche. Zu diesen strategischen Bereichen gehören:

- Business Perspective
- Planning to Implement Service Management
- Application Management
- ICT Infrastructure Management
- Security Management

Zunächst soll auf die strategischen Bereiche einzeln eingegangen werden, bis dann die Bereiche Service Delivery und Service Support einzeln näher beschrieben werden.

Business Perspective

Hier wird der IT-Service aus der Sicht der Unternehmensführung dargestellt. Dies beinhaltet auch die Beziehungen zu Außenstehenden IT-Suppliern, wenn einzelne Bereich der IT an externe Firmen ausgelagert (outsourcing) wurde.

---

[2] vgl. Olbrich, 2004

Planning to Implement Service Management

Dieser Bereich beschäftigt sich mit der Einführung und ständigen Verbesserung von ITIL. Dazu gehören die Fragen „Wo stehen wir?", „Wo wollen wir hin?" und „Wie kommen wir dahin?", einschließlich einem ständigen Review der erzielten Ergebnisse.

Application Management

Über den gesamten Lebensyklus einer Anwendungssoftware wird durch das Application Management sichergestellt, dass die Applikationssoftware sinnvoll verwaltet wird und die Geschäftsprozesse sinnvoll abbildet.

ICT Infrastructure Management

Typischerweise sind hier alle Aktivitäten des Rechenzentrums abgebildet. Die gesamte IT-Infrastruktur wird hier in einem strategischen Rahmen verwaltet.

Security Management

Immer neue Herausforderungen an die Sicherheit der IT Dienste stehen an. Durch steigende Computerkriminalität steigt die Bedeutung des Security Management in ständiger Weise. Im Security Management wird ein für das Unternehmen gültiger Plan aufgestellt (Security Policy), wie Datenschutz und Schutz vor schädlichen Programmen oder Angriffen gewährleistet werden kann.

Soweit zu den strategischen Bereich von ITIL. Die Kernprozesse sind Service Delivery und Service Support, die sich wiederum in einzelne Bereiche unterteilen.

Zu den Prozessen des Service Delivery gehören die folgenden Bereiche:

- Service Level Management
- Availability Management
- Capacity Management
- IT Service Continuity Management
- Financial Management for IT-Services

Dagegen besteht der Service Support aus den Bereichen
- Incident Management
- Problem Management
- Change Management
- Release Management
- Configuration Management

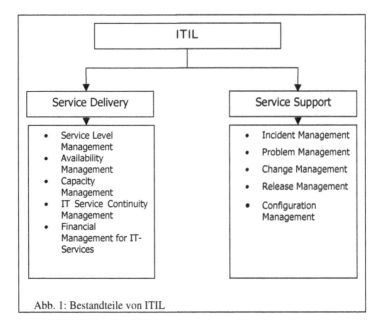

Abb. 1: Bestandteile von ITIL

Nachfolgend soll auf die einzelnen Bereiche näher eingegangen werden.

Service Level Management

Ausgangspunkt im Service Level Management ist das Service Level Requirement (SLR), in dem die Kundenwünsche beschrieben sind, und der Service Katalog, welcher die vom Unternehmen angebotenen Leistungen enthält. Diese bilden die Grundlage für das Service Level Agreement (SLA), in dem die zu liefernde Qualität sowie Pflichten und Rechte der Vertragspartner festgehalten sind.

Availability Management

Das Availability Management soll dafür sorgen, dass der vereinbarte Service genau dann zur Verfügung steht, wenn der Kunde diesen abrufen möchte. Dazu gehört eine Vermeidung von Ausfallzeiten, zum Beispiel durch redundante oder parallele Anordnung kritischer Systeme.

Capacity Management

Aufgabe des Capacity Management ist es, die optimale Kapazität kostengünstig und zur richtigen Zeit zur Verfügung zu stellen. Es leistet damit einen Beitrag zur Kostenminimierung, zur Vermeidung von Engpässen und Überkapazitäten oder verhindert Leerlaufzeiten.

IT Service Continuity Management

Das Availability Management soll dafür sorgen, dass der vereinbarte Service genau dann zur Verfügung steht, wenn der Kunde diesen abrufen möchte. Dazu gehört eine Vermeidung von Ausfallzeiten, zum Beispiel durch redundante oder parallele Anordnung kritischer Systeme.

Financial Management for IT-Services

Hier werden die gesamten Kosten, die für die Bereitstellung und Einsatz des IT-Systems anfallen, ermittelt. Nur so ist ein Controlling über die Wirtschaftlichkeit des IT-Systems möglich. Viele der unternehmensspezifischen Individualsoftware ist sehr teuer, daher muss sichergestellt sein, dass die Einsparungen über den Kosten für Einführung, Implementierung und Pflege des Systems liegen. Dazu soll das Financial Management für IT-Dienste beitragen.

Incident Management

Das Incident Management besitzt Schnittstellen zum Availability Management und zum Problem Management. Es soll dafür sorgen, dass der Benutzer - wenn Störungen auftreten - schnellst möglich weiter arbeiten kann. Die Forschung nach der Fehlerursache und deren Behebung ist dabei nicht Teil des Incident Managements, sondern gehört zum Problem Management.

Problem Management

Während das Incident Management für die Schadensbegrenzung bei Störungen verantwortlich ist, soll das Problem Management Störungen und Ausfällen vorbeugen und wenn diese doch auftreten, die Ursachen heraus zu finden. Störungen, die nicht durch das Incident Management behoben werden konnten, müssen durch das Problem Management beseitigt werden. Dies kann z.B. durch eine Wissens-Datenbank geschehen, die dem Benutzer Anleitung zur Selbsthilfe bietet. Zusammen mit Availability Management und Incident Management trägt das Problem Management damit wesentlich zur Qualitätsverbesserung der IT Infrastruktur bei.

Change Management

Ständige technische Innovationen und Verbesserungen machen es nötig, das IT System an neue Gegebenheiten und Möglichkeiten anzupassen. Dies muss mit Rücksicht auf die Wirtschaftlichkeit und Qualität geschehen. Eine Veränderung des Systems darf also nicht zu einer Beeinträchtigung der Verfügbarkeit, zu erhöhten Kosten oder einer gesteigerten Störanfälligkeit beitragen. Das Change Management versucht damit also die Redensart „Never touch a running system" (Ändere keine funktionierende Systeme) zu relativieren. Ebenfalls verantwortlich ist das Change Management für Berechtigungen, welcher Benutzer wann welche Änderungen vornehmen darf.

Release Management

Für das Softwaremanagement ist es nötig, regelmäßige Updates durchzuführen. Damit muss das Release Management ähnlich wie das Change Management sicherstellen, dass Austausch, Upgrade und Neuinstallation von Software nicht zu einer Verschlechterung der Qualität, einer schlechteren Wirtschaftlichkeit oder sonstigen Problemen führt.

Configuration Management

Das bisherige Asset Management erfasste die Vermögenswerte in Form von Lizenzen usw. allein in bilanztechnischer Hinsicht. Das Configuration Management geht über diese Aufgabe hinaus. Es enthält auch Einträge über alle weiteren Informationen der vorhandenen Infrastruktur, Soft- und Hardware. In der Configuration Management Database (CMDB) sind Standorte, Verknüpfungen, Versionsinformationen, Spezifikationen, referenzierte Daten, benutzte Ports und Infrastruktur etc. gespeichert. Dadurch kann auch eine

Statusänderung eines Eintrags (Configuration Item) jederzeit von allen Prozessbeteiligten eingesehen werden.

2. Konfigurationsmanagement

Konfigurationsmanagement sind laut ISO 10007:2003 alle „...coordinated activities to direct and control configuration", also die koordinierten Tätigkeiten, die notwendig sind, um Konfigurationen zu leiten und kontrollieren. Auf nationaler Ebene hat das Deutsche Institut für Normen (DIN) in seiner DIN 10007 einen Leitfaden für das Konfigurationsmanagement herausgegeben[3]. Hansen und Neumann verstehen unter Konfigurationsmanagement die Verwaltung und Überwachung von allen im Laufe einer Softwareentwicklung erstellten Dokumenten und Softwarekomponenten[4].

Ausgangspunkt des Konfigurationsmanagements ist die Configuration Management Database, welche alle relevanten Informationen über die Komponenten des IT-Systems enthält. Durch Abfragen lassen sich alle Informationen über jedes Bauteils einschließlich der damit verbundenen Dokumenten (Garantie, Handbuch usw.) darstellen, aber ebenso auch einen Gesamtüberblick über die komplette Infrastruktur im Unternehmen. Damit ist es auch möglich, Änderungen, Updates, Ersetzungen usw. zu verfolgen sowie eine Historie über die verwendeten Komponenten zu speichern. Damit ist das Konfigurationsmanagement auch Grundlage für Informationen an das Release- und Change Management.

---

[3] vgl. DIN, IN EN ISO 10007: 1996, 1996
[4] vgl. Hansen/Neumann, 2001, S. 275

2.1   Configuration Management Database

Die Configuration Management Database (CMDB) ist die zentrale Informationsquelle für den IT Service. Anhand dieser Datenbank kann die gesamte IT-Infrastruktur eines Unternehmens dargestellt werden. Durch Datenbank-Abfragen ist es möglich, sowohl Übersichten als auch Details zu einzelnen Komponenten adaptiv darzustellen und so einen guten Überblick über alle mit der IT zusammenhängenden Strukturen zu ermöglichen. Primär besteht die Configuration Management Database aus Einträgen über einzelne Konfigurationselemente (CIs). Für jedes Konfigurationselement kann ID, Name, Beschreibung, Modell, Version, Serien-/Lizenznummer, Klassifizierung, technische Eigenschaften, Zugehörigkeiten, Inventarnummer, Bezugsquelle einschließlich Lieferschein oder Rechnung, Dokumentation, Garantiedauer oder Wartungs- und Lizenzvertrag gespeichert sein. Alle Konfigurationselemente sind in drei Klassen eingeteilt:

- Hardware,
- Software
- Dokumentationen   (Anleitungen,   Verträge, Dokumentationen)

Für jede Kategorie kann es Unter-Kategorien geben. So sind zum Beispiel die Informationen über das Konfigurationselement „CPU des Rechners XYZ" unter der Klasse „Hardware", Kategorie „Rechner XYZ", Unterkategorie „Motherboard Rechner XYZ" gespeichert. Daraus ergibt sich, dass ein Konfigurationselement Teil eines anderen Konfigurationselements sein kann (die CPU des Rechners XYZ ist im Beispiel Teil des „Moherboards Rechner XYZ", welches wiederum Teil des „Rechners XYZ" ist). Ein Konfigurationselement besitzt neben Attributen (die Informationen über das Element), Kategorien und

Relationen (z.B. ob das Element Teil eines anderen ist, oder in sonst einer Weise mit einem anderen in Verbindung steht) noch einen Status und eine eindeutige Referenznummer.

Sollten beispielsweise Probleme mit dem Prozessor des Rechners XYZ auftreten, sind sofort alle Informationen über den Prozessor, einschließlich der dazugehörenden Unterlagen, Verträge und Dokumente verfügbar. Dies führt zu einer enormen Erleichterung und damit zu einer Kosteneinsparung. So dient die Configuration Management Database auch als Datengrundlage für das Problem- und Incident Managent.

Wie der Name Configuration Management Database bereits sagt, handelt es sich um eine Datenbank. Dies ist insbesondere aufgrund der flexiblen und leistungsfähigen Abfragemöglichkeiten besonders zu empfehlen. Da zwischen den einzelnen Komponentenelementen untereinander Abhängigkeiten bestehen, ist ein Objektorientierter Ansatz sinnvoll. Damit erleichtern Mechanismen wie Polymorphie und Vererbung die Arbeit und verhindern redundante Daten. Rekursive Beziehungen zwischen den CIs stellen die „ist Teil von" - Beziehungen zwischen den Komponenten dar.

Es ist sinnvoll, neben der Tabelle mit den Konfigurationsdaten der einzelnen Component Items auch die Informationen der anderen Bereiche von ITIL wie Capacity Management oder des Problem Managements in der selben Datenbank abzulegen. Dadurch wird es möglich, auch zwischen den einzelnen Managementbereichen Abfragen zu ermöglichen. So können beispielsweise aufgetrete Probleme in der Informationsbasis des Problem Managements mit einem Komponentenelement eindeutig verknüpft werden, oder entstandene Kosten aus dem Bereich Financial Management for IT-

Services eindeutig einem einzelnen Komponentenelement als Kostenträger zugeordnet werden. Die so entstehenden Strukturen können dabei recht komplex werden, da jeder Managementbereich miteinander verbunden ist.

2.2 Aufgaben des Konfigurations Managements

Aus der Configuration Management Database lassen sich wichtige Kennzahlen ermitteln. Dazu gehören Schadenshäufigkeit, Kostenverursacher, Wartungs- und Betriebskosten. Diese Informationen sind gemeinsam mit dem Financial Management for IT Services Ausgangspunkt um die Effektivität und den Return of Investment (ROI) zu ermitteln und zu vergrößern. Da die IT Umgebung in einem Unternehmen ständiger Veränderung unterworfen ist, dient das Konfigurationsmanagement Verwaltung der IT Infrastruktur, welche durch Audits und Reviews ständig auf ihre Wirtschaftlichkeit überprüft werden müssen. Sollte eine Veränderung notwendig oder ökonomisch sinnvoll sein, ist es Aufgabe des Konfigurationsmanagements gemeinsam mit dem Change- und Release Management diese Änderungen schnell, kostengünstig und in der richtigen Qualität durchzuführen. All diese Aufgaben leiten sich aus den Kernaufgaben des Konfigurations Managements her. Diese Kernaufgaben sind letztendlich Grundlage für die Tätigkeiten, die zur Verwaltung des IT Systems notwendig sind. Zu den Hauptaufgaben zählt Köhler[5] daher:

- Aufstellen einer Configuration Policy für das Unternehmen,
- Identifizierung aller Konfigurationselementen und deren Relation zueinander,
- Verwalten und Kontrollieren aller Konfigurationselemente,
- Ermittlung des Status der Konfigurationselemente und Aktualisierung des gegenwärtigen Zustandes

---

[5] vgl. Köhler, 2005, S.57

- Verifzierung der Informationen zu den Konfigurationselementen der Konfigurations Management Datenbank durch Audits und Reviews.

Ausgehend von einem RFC-Antrag (Request For Change) des User Help Desks, des Rechenzentrum oder einer sonstigen Einheit müssen die betroffenen Konfigurationselemente zunächst identifiziert werden. Sollte ein festgelegter Überprüfungszeitraum überschritten sein, wird ein Audit durchgeführt, welches zu einer Veränderung der CMDB und anschließend einem Post Implementation Review (PIR), also eine Kontrolle und Überprüfung der gemachten Änderungen führen kann. Sollte der festgelegte Überprüfungszeitraum noch nicht überschritten sein, sollten die Gründe für einen Änderungsantrag (Request for Change) ermittelt und Änderungen erwirkt werden. Auch hier bietet sich im Anschluss eine Kontrolle ähnlich des Post Implementation Reviews an.

2.3 Configuration Mangement Plan

Der Configuration Management Plan entspricht der Firmenpolicy in Bezug zum Configuration Mangement[6]. Es wird festgelegt, welche Informationen über die Konfigurationselemente in welcher Form gespeichert werden sollen, und wie die Relationen und Zuordnungen der einzelnen CIs gehandhabt werden sollen. Im Configuration Management Plan ist also die Form, Strukturierung und Detaillierung der Informationen der Konfiguration Management Datenbank festgelegt.

2.4 Chance und Risiken

Bereits deutlich ist der Nutzen des ITIL-basierten Konfigurations Managements in Bezug auf Übersichtlichkeit und als

---

[6] vgl. Köhler, 2005, S.57

Entscheidungshilfe geworden. Bei Neuanschaffungen von Hard- oder Software können durch die Configuration Management Database Erfahrungswerte über Kosten, Spezifikationen, Kompatibilitätsanforderungen sowie benötigte Bauteile gefunden werden. Da auch die Unterlagen über Garantieverträge zentral gespeichert sind, lassen sich auch überflüssige Neuanschaffungen während der Garantiezeit vermeiden. Durch den Zugriff auf die Benutzerhandbücher sowie weitere Dokumente kann auch eine überflüssige Neuanschaffung durch eine Anleitung zur Selbsthilfe vermieden werden. Wirtschaftlichkeitsüberlegungen werden durch das Financial Management for IT-Services vereinfacht. Da es sich bei ITIL um eine bewährte Empfehlung handelt, kann auf Best-Practise-Lösungen zurückgegriffen werden und Effizienz und Produktivität gesteigert werden. Das Konfigurationsmanagement trägt also maßgeblich zur Kostenreduktion im Unternehmen bei. Außerdem führt es zu einer einheitlichen Begriffsverwendung und erleichtert damit den Kontakt zu anderen Firmen. Es wird auf bereits bewährte Möglichkeiten zurückgegriffen, daher ist keine Erarbeitung einer eigenen Lösung notwendig, bzw. das Produkt muss nur leicht angepasst werden. Durch die recht einheitliche Ausgestaltung und Harmonisierung von Prozessen ist mehr Transparenz gewährleistet, was Einarbeitungsaufwand und damit Personalkosten reduziert.

3. ITIL als Business-Intelligence für das IT-Management

3.1 Möglichkeiten durch ITIL

Wie im Kapitel 2.1 bereits dargestellt, gibt es zahlreiche Schnittstellen zwischen den Managementbereichen. So lässt sich durch die

Informationen aus dem Problem-Management besondere
Schwerpunkte von Fehlerursachen feststellen, deren Kosten in
Verbindung mit dem Financial Management for IT-Services mit der
genauen Höhe eindeutig zugeordnet werden können. Durch das
Change- und Release Management sowie durch das Konfigurations
Management kann herausgefunden werden, welche Elemente davon
betroffen sind, und ob es eventuell sinnvoll ist, diese zu ersetzen.
Dadurch wird dann auch das Availability Management beeinflusst. Die
genannten Beispiele zeigen: ITIL ist viel mehr als nur eine Bibliothek,
die alle Informationen über entstandene Probleme, Kosten,
Infrastruktur usw. beinhaltet. Die Datengrundlagen können als Data-
Warehouse fungieren, die dann zu Kennzahlen und
Vorgehensempfehlungen verdichtet werden können. Neben der
Anzeige bestimmter Schwachstellen im System können Kosten und
Handlungsalternativen ermittelt werden. Damit ist ITIL die Grundlage
für Entscheidungen was das IT-Management betrifft. Ähnlich wie
Business-Intelligence die Informationen der Supply Chain verdichtet,
kann die Datenbasis der ITIL das IT-Management in seinen Aufgaben
unterstützen.

Tatsächlich ist ITIL auch eine Wissensdatenbank. Dem Benutzer des
IT Systems gibt das Problem- und Incident Management
Möglichkeiten zur Selbsthilfe bei auftretenden Computerproblemen. Es
kann auf Erfahrungen bei bereits früher aufgetretenen Problemen
zurückgegriffen werden. Andererseits wird die Kommunikation
zwischen dem Benutzer und dem IT-Support vereinfacht, da
entstandene Probleme zum Teil sogar fomalisiert und vereinheitlicht in
die Datenbasis des Problem-Managements eingetragen werden
können. Auch bei Entscheidungen über den Kauf von neuen
Komponenten kann auf Erfahrungswerte zurückgegriffen werden. Die
Liste der Möglichkeiten, die ITIL als Managementinstrument bietet,

ließe sich beliebig fortsetzen. Dies soll jedoch nicht primärer Inhalt dieser Arbeit sein.

3.2 Kritische Betrachtungen

ITIL dient mit dem Bereich „Financial Management for IT-Services" zum Controlling der Wirtschaftlichkeit des IT-Systems bei. Nun sollte auch ITIL selbst mehr Kosten einsparen, als es verursacht. Die Einsparpotentiale und Erleichterungen sind enorm, wie die Ausführungen in diesem und in Kapitel 2.2 gezeigt haben. Gleichzeitig verursacht ITIL aber auch Kosten, sei es durch die Einführung, Pflege oder durch den zusätzlichen Verwaltungsaufwand, der dadurch entsteht, dass die Informationen im richtigen Format vorliegen müssen, um entsprechend gespeichert und verarbeitet werden zu können. Grundsätzlich lässt sich sagen, dass je umfangreicher die IT-Infrastruktur ist und je räumlich verteilter das Unternehmen organisiert ist, die Vorteile um so höher sind. Für ein kleines Unternehmen, in dem nur eine geringe Computerumgebung vorhanden ist, ist die Datenbasis so gering, dass sie sich problemlos an einem Ort verfügbar machen kann, ohne dabei ein komplettes ITIL System in der Organisation zu verankern. Bei großen international vertretenen Unternehmen dagegen sollten die Informationen über die IT - Infrastruktur von überall aus verfügbar sein, ohne größere Entfernungen überwinden zu müssen. Je größer die Datenbasis ist, desto größer auch der Umfang an Erfahrungswerten, auf die zurückgegriffen werden kann. Eine Entscheidung zugunsten der Einführung von ITIL ist damit um so mehr zu bejahen, je mehr Daten vorhanden sind. Letztlich sollte auch die Akzeptanz des Systems bei den Mitarbeitern als nicht zu unterschätzender Faktor betrachtet werden. Nur wenn das System akzeptiert und die Vorteile eindeutig

erkennbar sind, werden die Mitarbeiter den erhöhten Zeitaufwand durch die zusätzlich erhobenen Daten in Kauf nehmen.

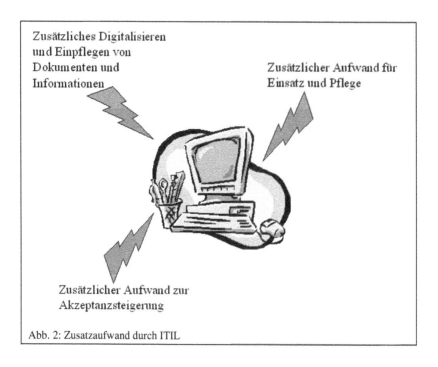

Abb. 2: Zusatzaufwand durch ITIL

4. Fazit und Ausblick

Mit ITIL wurde dem IT-Management in der Tat ein Instrument gegeben, welches die effiziente Verwaltung der gesamten im Unternehmen eingesetzten Informationstechnologie und vorhandenen Ressourcen sicherstellen kann. Sie bietet neben der Verwaltung auch Kontroll- und Verbesserungsfunktionen. Der Erfolg von ITIL hängt jedoch in großem Maße von der Nutzungsqualität ab. Nur wenn die Daten konsequent und gewissenhaft gepflegt werden, trägt ITIL zu einem Nutzen- und damit zu einem Wettbewerbsvorteil bei.

Insbesondere bei kleineren Unternehmen, in denen eine weniger umfangreiche IT vorhanden ist, muss die Frage gestellt werden, ob sich der Aufwand lohnt, die Infrastruktur gemäß ITIL festzuhalten, oder ob der Überblick auch auf einfacherem Wege behalten werden kann. Je größer das Unternehmen, und damit auch je komplexer das IT-Umfeld im Unternehmen ist, desto eher wird die Entscheidung jedoch zu Gunsten von ITIL ausfallen. Gerade in größeren Unternehmen mit komplexen Strukturen hat ITIL zu Recht einen wichtigen Platz im IT-Management eingenommen. Von einer weiteren Verbreitung ist daher auszugehen.

Auch ITIL selbst ist einem ständigen Verbesserungsprozess unterworfen. Der laufende Betrieb wird Lücken aufzeigen, Veränderungen im IT-Umfeld werden neue Anforderungen erfordern. So gibt ITIL Hilfestellungen auch zur Verwaltung von ITIL selbst. Als Best-Pracitse-Instrument wird ein Informationsaustausch zwischen den Unternehmen von alleine weitere Veränderungen hervorrufen. Gerade die Best-Practise-Lösung erfordert Benchmarks zwischen den Unternehmen, dient aber letztendlich dazu, das Wissen, und die

Lösung des IT-Managements für alle Unternehmen, die ITIL einsetzen, ständig zu optimieren.

Die Informationstechnologie hat bereits in nahezu allen Unternehmensbereichen und –Funktionen Einzug gehalten. Die rasante Fortentwicklung und große Zahl an neuen Innovationen wird diesen Stellenwert eher verstärken. Dies bedeutet aber auch einen steigende Notwendigkeit, dass diese Querschnittsfunktion IT effizient verwaltet wird. Nicht nur allein aufgrund der dadurch bedingten Steigerung der Komplexität der IT-Systeme, sondern auch um die internationale Wettbewerbsfähigkeit zu erhalten und auszubauen, und um von dem Wissen und der Erfahrungen der anderen Unternehmen profitieren zu können.

Literaturverzeichnis

DIN 1996:   DIN - DEUTSCHES INSTITUT FÜR NORMUNG e.V.
(Hrsg.): DIN EN ISO 10007: 1996 Qualitätsmanagement
- Leitfaden für Konfigurationsmanagement
(ISO10007:1995) Dreisprachige Fassung EN ISO
10007:1996. Berlin: Beuth Verlag, 1996

Hansen/Neumann 2001: Hansen/Neumann: Wirtschaftsinformatik, Lucius&Lucius,
Tübingen 2001, S. 275

Köhler 2005:   Köhler, P., ITIL, Springer Verlag, Heidelberg, 2005, S.
57

Olbrich 2004:   Olbrich, A.: ITIL Kompakt und verständlich, Vieweg
Verlag, Wiesbaden, 2004

Wikipedia 2006   Wikipedia, URL: www.wikipedia.de, Jun 2006